H. De FERRY et A. ARCELIN.

L'AGE DU RENNE EN MACONNAIS

MÉMOIRE

SUR

LA STATION DU CLOS DU CHARNIER

A SOLUTRÉ

(Saône-et-Loire)

MACON,
IMPRIMERIE D'ÉMILE PROTAT.

1868.

Ce mémoire a été lu à l'Académie de Mâcon (séance de juillet 1868) et au Congrès international d'archéologie préhistorique tenu à Norwich (Angleterre), session d'août 1868.

Tiré à 200 exemplaires.

H. DE FERRY ET A. ARCELIN.

L'AGE DU RENNE EN MACONNAIS

MÉMOIRE

SUR

LA STATION DU CLOS DU CHARNIER

A SOLUTRÉ

(Saône-et-Loire)

Le gisement archéologique du Clos du Charnier (1) est trop important par les questions qu'il soulève pour ne pas mériter la plus grande attention et exciter le plus vif intérêt. On y rencontre, en effet, dans le sous-sol d'un monticule aride, des amas de débris, incontestablement de l'Age du Renne, et contemporains de ceux de Laugerie-Haute en Périgord, de mystérieuses accumulations d'os de chevaux, et enfin de nombreuses sépultures humaines. Tous ces restes des temps passés ont-ils quelque liaison entre eux et peut-on les regarder comme formant un tout probable? doit-on, au contraire, les séparer et dans quelles conditions?

(1) On dit dans le patois local le *Creux du Charnier*, que nous avons cru pouvoir traduire par le Clos du Charnier, parce que *Creux* et *Clos* sont étymologiquement identiques (la transmutation des lettres *l* et *r*, et le changement de la voyelle *o* en la diphtongue *eu* et réciproquement sont fréquents dans nos patois). L'examen des lieux nous a conduits à adopter cette version. En effet, le nom de creux, pris dans le sens français, n'a pas de sens appliqué à un tertre mamelonné, tandis qu'il y avait réellement autrefois sur ce point un espace clos de murs, un *Clos*, dont nous mentionnerons les traces plus loin.

quelles conclusions enfin est-il possible de tirer d'une analyse méthodique de cette localité? Telles sont les questions que se sont posées les auteurs de ce mémoire, après plusieurs années d'études sur ce petit coin de terre, si attrayant par les découvertes qu'il leur a fournies. Aussi ont-ils pensé que, dans un intérêt scientifique bien entendu, il ne serait point inutile, après un double contrôle et un examen contradictoire, de réunir méthodiquement leurs observations et leurs appréciations personnelles. Peut-être en sortira-t-il quelques lumières pour la solution d'un problème qui intéresse si vivement l'archéologie préhistorique (1).

I.

§ 1. *Le Clos du Charnier; description topographique.* — Le Clos du Charnier est un tertre inculte, naturellement gazonné, situé à Solutré (Saône-et-Loire), sur le talus qui s'incline en pente douce à la base d'un rocher élevé et escarpé à pic. Il est exposé au midi et abrité du nord par le rocher lui-même.

Ce tertre a la forme d'un mamelon, irrégulièrement trilobé, mesurant 60 mètres de rayon à sa base et offrant une superficie de 10,000 mètres carrés environ (un hectare); quelques vallonnements à peine sensibles ondulent légèrement sa surface. Il est bordé à l'est par une profonde dépression, le long de laquelle sont alignés irrégulièrement de petits mamelons de pierres brutes. Cette dépression

(1) Voir H. de Ferry, l'Ancienneté de l'homme dans le Mâconnais, 1867. - A. Arcelin, Note sur les antiquités préhistoriques de la vallée de la Saône, 1867.— H. de Ferry, Discours de réception à l'Académie de Mâcon, 1868. — A. Arcelin, la Station préhistorique de l'âge du renne de Solutré, 1868. — H. de Ferry, l'Homme préhistorique en Mâconnais, 1868. — G. de Mortillet, Matériaux pour l'histoire positive et philosophique de l'homme, t. III, p. 490, 114, 415, 399, 416; t. IV, p. 33, 35, 100, 102, 108, 154, 155.

se prolonge moins accentuée, en contournant le tertre comme un chemin de ronde, au nord et à l'ouest, où elle se perd dans des terrains en culture (pl. I, fig. 1). Une source abondante s'échappe un peu au-dessous, à 200 mètres environ, et alimente le hameau supérieur de Solutré.

Entre la source et le grand tertre s'élève un second mamelon, plus petit et moins accentué que le premier.

Le rocher qui domine le Clos du Charnier est une énorme masse inclinant en pente douce sa croupe arrondie vers l'est, et se terminant à l'ouest en une pointe étroite, escarpée à pic sur trois côtés.

§ 2. *Description géologique.* — Le sol primitif du Clos du Charnier, jusqu'aux plus grandes profondeurs auxquelles nos sondages ont été poussés (2m 40 environ), est, de haut en bas, exclusivement formé de détritus dus à la désagrégation séculaire des roches bajociennes des escarpements supérieurs. C'est du reste la composition ordinaire de tous les talus situés au pied des falaises de l'oolithe inférieure dans nos contrées et le recouvrement obligé des affleurements du lias supérieur. En général, la masse de ce terrain détritique est composée de menues pierrailles, au milieu desquelles se rencontrent de temps en temps d'assez gros blocs, dont plusieurs ont dû rouler naturellement à différentes époques des rochers voisins, ainsi que des dalles du calcaire à fucoïdes qui, au contraire, privées d'un plan de glissement convenable, et trop éloignées de leur point de départ, ne peuvent s'y rencontrer que par suite d'un apport artificiel.

Cette couche de détritus forme, au Clos du Charnier, un relief beaucoup plus accentué que toutes les autres ondulations voisines produites par les gonflements et les glissements des marnes sous-jacentes du lias supérieur.

Très-épaisse au sommet du tertre, où elle semble même développée contrairement aux lois naturelles de l'éboulement, elle va diminuant vers la circonférence, de telle façon que les marnes du lias affleurent sur les bords de la dépression circulaire, et particulièrement à l'est, sous les monticules de pierres brutes.

Il est difficile d'expliquer l'origine de cette dépression circulaire : on peut l'attribuer en partie aux carrières encore exploitées au nord du tertre ; en partie à un travail intentionnel primitif, là où il n'y a pas de carrières, à l'ouest par exemple, et peut-être enfin à des effets géologiques, à l'est surtout, où elle correspond à une faille et se présente sous la forme d'un véritable ravin.

Quant aux mamelons de pierres brutes qui s'élèvent à l'est, ils sont entièrement formés de fragments de roches provenant des abruptes de l'oolithe inférieure environnante (blocs de calcaire à polypiers, de calcaire à entroques, et de calcaire à fucoïdes.) Peut-être la nature avait-elle amené là ces matériaux par voie d'éboulement ; mais ils paraissent avoir été remaniés et entassés artificiellement.

§ 3. *Vestiges superficiels.* — Tout le versant nord du vallon de Solutré, occupé en partie par le village actuel, est jonché de silex taillés : on les voit blanchir dans les jardins et dans les chemins. Leur intensité augmente à mesure qu'on se rapproche, en montant, de la base du grand escarpement, vulgairement appelé la Roche ou le Rocher. Dans les vignes situées immédiatement au-dessus des dernières maisons du village, aux lieux dits *à la Levée, à la Colonne,* on voit apparaître, outre les silex, de nombreux ossements de cheval, mêlés de quelques débris de renne, dispersés par la culture. Mais le véritable lieu de concentration des silex taillés et des ossements est le Clos du Charnier. La culture n'ayant pas encore atteint ce point, il était resté, jusqu'à nos jours, vierge de tout bouleversement. Quelques fosses, creusées pour l'extraction de la pierraille, y ont mis sur plusieurs points à découvert les anciens amas d'ossements. C'est évidemment à l'accumulation de ces débris d'animaux qu'il faut attribuer le nom de Clos ou de Creux du Charnier. L'imagination populaire a trouvé fort simple d'expliquer ce fait par une bataille livrée à une époque inconnue au pied du château qui au moyen âge couronnait la roche. D'autres prétendent qu'on enterrait là les chevaux de la garnison (1). Tels sont les renseignements que nous ont fournis les traditions locales. On va voir plus loin qu'il est prudent de ne pas les accepter sans contrôle.

Dans la portion ouest et sud du tertre, apparaissent les traces d'un mur d'une époque indéterminée, formé de gros blocs superposés sans ciment (pl. I, fig. 1). Ce mur, qui remonte jusqu'à la dépression située au nord du monticule, au pied de la Roche, retourne à angle droit, dans la direction de l'est, et paraît avoir circonscrit un vaste carré long. Il est de toute évidence postérieur aux débris souterrains, dont nous allons parler plus loin (amas de débris de cuisine, amas de chevaux et sépultures), puisqu'il les coupe en plusieurs endroits. De plus l'équarrissage de ces gros moellons indique aussi une époque quelconque de la période du fer.

A la limite méridionale actuelle de la friche et des vignes, et à côté des excavations modernes qui longent un

---

(1) Il n'est pas probable qu'on ait jamais eu pour la desserte du château autre chose que quelques bêtes de somme ; il est tout à fait inadmissible que des milliers de chevaux aient jamais pu manœuvrer dans un espace aussi restreint et sur un pareil terrain, ni que l'on ait jamais pensé à attaquer un nid d'aigle, comme Solutré, avec de la cavalerie.

chemin rural, descendant de la montagne, il existe également des traces à fleur de terre d'une petite construction de chétive apparence, mais en matériaux également équarris.

Outre les silex et les ossements de renne ou de cheval, dont nous avons déjà parlé, on aperçoit encore çà et là, gisant épars à la surface, des éclats de pierres dures étrangères à la localité, puis de rares tessons de poterie, appartenant soit à l'époque gallo-romaine, soit au moyen âge (quelques-uns vernissés); et enfin des fragments de vases d'une pâte noirâtre ou grisâtre, ornés parfois de bandelettes, et dont la véritable origine, qu'elle soit gauloise ou burgonde, n'est malheureusement pas encore hors de doute (1).

C'est là que le 30 septembre 1866, nous avons commencé nos sondages et nos fouilles, poursuivies depuis sans interruption.

§ 4. *Vestiges souterrains.* — Les vestiges souterrains, exhumés de nos fouilles, se subdivisent à leur tour en gisements divers que nous classons ainsi : 1° débris épars dans le sous-sol; — 2° amas de rebuts de cuisine; — 3° accumulation de débris de chevaux; — 4° sépultures. Nous allons les étudier séparément.

§ 5. *Débris épars dans le sous-sol.* — Les premiers débris que l'on rencontre dans le sous-sol sont l'exacte répétition, sauf un meilleur état de conservation de ceux qui jonchent superficiellement le Clos du Charnier. Quelques tessons de la poterie problématique que nous avons signalée plus haut, ou de l'époque du moyen âge, et un fragment de brique, d'origine incertaine, se sont rencontrés à des

(1) Voir. A. Arcelin, les Berges de la Saône, 1868. — H. de Ferry, les Gisements archéologiques des bords de la Saône, 1868.

profondeurs variables, depuis 0m 00 jusqu'à 0m 50, et plus particulièrement dans le voisinage du gros mur dont il a été question, ainsi que c'était déjà le cas pour leurs analogues, dispersés à fleur de sol. Du reste leur nombre (tant des uns que des autres) ne s'élève pas à plus d'une *douzaine !*

Lorsqu'on attaque le sol pour exécuter un sondage (pl. III, fig. 4), on rencontre, dès les premiers coups de pioche, des silex épars, des os disséminés soit de renne, soit de chevaux, et quelquefois des débris humains. Parmi les silex, les uns paraissent avoir servi à un long usage, et sont éraillés ; les autres, au contraire, semblent tout neufs : les uns sont entiers, les autres brisés. Les os de chevaux ou de renne ne se suivent jamais comme ceux d'animaux dont les squelettes auraient été enfouis tout entiers. Ici des dents, là des fragments de cornes ou de mâchoires, des canons ; plus loin des astragales, des bois, des côtes ; les uns plus ou moins avariés, les autres en très-bon état ; le tout pêle-mêle et à des niveaux différents. Des dents ou des phalanges de renne se trouvent associées, par exemple, à des métatarses de chevaux, etc. A côté de fémurs de chevaux intentionnellement brisés, on trouve des canons du même animal entiers. (Remarquons, par anticipation, que ces débris des couches supérieures du sous-sol ont tout le faciès de leurs congénères que nous signalerons plus loin dans des gisements non remaniés, désignés soit sous le nom d'amas de rebuts de cuisine, soit sous celui d'accumulations de débris de chevaux ; que de plus l'état de conservation des uns et des autres est en tout identique, et identique aussi aux débris humains qui leur sont parfois associés.)

§ 6. *Amas de rebuts de cuisine.* — Au-dessous de ces couches remaniées à débris épars, on rencontre des gisements beaucoup plus riches en produits de l'industrie humaine que nous appelons amas de rebuts ou de débris de cuisine ou d'habitation.

Ces amas se trouvent concentrés sur la partie ouest du monticule, de chaque côté et au-dessous du chemin qui mène aux carrières. Leur emplacement semble former un trapèze allongé (pl. I, fig. 1), mesurant 462 m carrés de superficie ou environ, et encadré par une large et épaisse bordure d'ossements de chevaux, qui entoure, comme d'un fer à cheval, le côté sud et la moitié des grands côtés est et ouest du trapèze.

Ils occupent des niveaux variables. Les uns se rencontrent quelquefois à 0m 40 ou 0m 50 centimètres seulement au-dessous de la surface actuelle; tandis que d'autres ne commencent à se montrer qu'à 1m, 1m 30, 1m 40, 1m 50; quelques-uns enfin se prolongent jusqu'à 2 m 30 de profondeur. Parfois, plusieurs de ces amas sont superposés, et, dans ce cas, séparés soit par de la terre noirâtre, très-pauvre en débris, soit par un sol qui semble vierge.

En beaucoup de points ils se touchent par leurs extrémités, mais d'autres fois ils semblent nettement séparés par de la terre pure. Les uns reposent sur des plans horizontaux, les autres sur des plans déclives. Enfin, en quelques endroits il existe de petits îlots de terrain vierge, entourés par des amas de débris dont la pente est prononcée.

Ces amas varient aussi en intensité, en composition, en richesse. — Tantôt ils se réduisent à de simples traînées ou à quelques filets noirâtres de matières cendreuses, dans lesquels sont dispersés quelques os ou quelques esquilles d'os, brûlés ou non, et de petits éclats de silex. (Quelquefois les fragments d'os sont blanchis et les cendres grisâtres, comme si avant leur enfouissement ils étaient restés exposés un certain temps aux influences atmosphériques.) —

Tantôt ils offrent un plus grand développement, mais ne renferment encore que des os éclatés ou des esquilles nombreuses (la plupart sans traces de feu), quelques fragments de bois de renne, grossièrement incisés ; d'assez nombreuses lames en silex, mais peu de silex ouvrés d'une façon caractéristique; des fragments de grattoirs et diverses substances minérales étrangères au terrain dans lequel est situé le gisement. — Tantôt enfin ils prennent des proportions considérables et constituent un ensemble bien défini, qui abonde en débris des plus intéressants.

Ces grands amas se font ordinairement remarquer par de nombreux et longs fragments de perches de renne, avec portions de crâne encore souvent adhérentes (1); — par des bois déjà façonnés diversement en marteaux (2) ou en manches d'outils ; — par de nombreuses mâchoires de renne éclatées, — des canons, brisés pour la plupart, — de nombreuses phalanges, — des vertèbres et des côtes en assez grande abondance, contrairement à ce que l'on observe habituellement dans d'autres stations du même âge, — quelquefois aussi par quelques os ayant conservé leur juxtaposition normale (3). — Enfin par une quantité de silex (4), grattoirs de toutes formes, pointes de flèches ou

(1) Parfois même on dirait que ces cornes ont été empilées intentionnellement.

(2) Ces marteaux consistent en fragments de *perches* plus ou moins longs ou plus ou moins gros dont on a poli la base de la *meule*, de manière a obtenir une surface légèrement convexe. Le premier cors ou andouiller est toujours cassé à sa partie supérieure, tandis que la base subsiste, sans exception ; le reste de la perche, au-dessus du premier andouiller, sert de manche. Un de ces marteaux, formé d'un énorme bois de cerf ordinaire, est percé à l'extrémité de son manche d'un large trou de suspension.

(3) Nous citerons : 1° une astragale articulée encore dans un tibia ; 2° une astragale, un calcaneum et un os scaphoïde, en rapport ; preuve que quelques-unes des jambes de renne n'ont point été désarticulées.

(4) Toutes les armes en silex de Solutré sont extrêmement minces, légères, quelquefois très-grandes de proportions, d'une taille très-fine, très-

de lances entières ou brisées, couteaux et racloirs retouchés ou non sur les bords, poinçons, lames minces et tranchantes, esquilles et nuclei. On retrouve ici et là des pièces d'un fini achevé, ou des pointes de lance simplement dégrossies, et même des pièces cassées au moment de la taille (1). Puis viennent des objets empruntés à la minéralogie des contrées voisines pour divers usages; des cailloux roulés de la Saône ou du diluvium de la Bresse, destinés sans doute à concasser les os; des fragments de porphyre ou de granit et des rognons de peroxyde de manganèse,

---

habile, comparable à celle des plus belles armes du Danemark. Quoique très-variées de forme, elles peuvent rentrer dans trois types principaux : 1° le type dit en feuille de laurier ou à deux pointes symétriques; 2° le type à base arrondie; 3° le type en losange. Ajoutons à cela des grattoirs-pointes d'un type assez particulier, rencontrés aussi par M. Lalande à la grotte du Pouzet (Dordogne). Ces silex sont empâtés ou non par des concrétions calcaires. Libres, ils sont entièrement patinés à tous les niveaux où on les rencontre, et quelques-uns sont transformés complétement en silice pulvérulente. Cette même patine se montre également sur les parties visibles des silex concrétionnés, mais elle n'existe pas sous les concrétions où persiste la couleur naturelle, preuve que ce changement de couleur du silex et la transformation moléculaire qui en a été la suite ont eu lieu postérieurement à l'enfouissement de ces objets.

(1) Nous reviendrons encore souvent sur les concrétions calcaires qui revêtent les différents objets du gisement, parce qu'elles ont jeté un grand jour sur plusieurs points de nos études. En voici un nouvel exemple : Lorsque les silex sont concrétionnés, c'est toujours *à leur partie inférieure*, le carbonate de chaux des eaux infiltrantes s'étant déposé *sous la pièce*, absolument comme les stalactites se déposent sous une voûte de rocher. Ce mode de concrétion a fourni à l'un de nous les moyens de constater peut-être l'un des nombreux épisodes de la taille du silex, au moment même du bris d'une grande tête de lance que l'on voulait achever. Un défaut dans la pointe de l'arme avait amené par contre-coup sa séparation médiane en deux parties, qui gisaient à plat à la suite l'une de l'autre dans un amas de cendres. Ces morceaux étaient tous deux concrétionnés inférieurement dans la position où ils avaient dû arriver à terre en échappant des mains de l'ouvrier; car le plan sur lequel ils gisaient était horizontal et les arêtes des brisures paraissaient dans toute leur fraîcheur. Mais l'un d'eux était *tombé à l'envers*, car il fallut retourner *la partie concrétionnée* pour la rajuster à l'autre morceau.

qui ont eu probablement le même emploi ; des morceaux de sanguine, employés comme couleurs ou comme polissoirs ? (1) ; des fragments de calcaire magnésien jaune, utilisés peut-être encore comme matière colorante ; des plaques de grès siliceux du trias, polies par frottement ; des morceaux assez volumineux de cristal de roche très-pur, et un certain nombre de fossiles appartenant à divers terrains, apportés intentionnellement et selon toute apparence comme objets de curiosité (2). Dans toute la masse sont disséminés de petits fragments d'os carbonisés, plus ou moins gros, quelquefois pulvérulents (3). Il ne reste aucune trace des charbons qui auraient pu provenir des végétaux employés à alimenter les feux.

Il existe généralement dans le voisinage de ces grands amas d'autres accumulations, parfaitement analogues de composition, mais composées de débris avariés, où la cendre domine, et que nous considérons comme formées par l'apport prolongé de balayures. Ces accumulations, relativement pauvres, se rencontrent soit à la circonférence des amas les plus riches, soit en contre-bas de ces derniers, comme si elles s'étaient formées dans des dépressions du sol primitif. Mais

---

(1) Un échantillon d'hématite est buriné comme si la matière rouge avait été enlevée à petits coups de pointes de silex. Un autre, au contraire, est usé sur ses arêtes vives et sur ses faces, comme par un frottement prolongé, et l'admirable poli d'un poinçon en os que nous avons recueilli ne laisse guère de doute sur l'emploi de l'hématite comme brunissoir.

(2) Un fragment d'Am. Planula, des calcaires marneux blanc-jaunâtres de la base de l'étage bathonien, présente dans les intervalles de chacune de ses côtes une petite raie gravée, très-visible, obtenue probablement avec une pointe acérée de silex.

(3) Bien que la présence d'os ainsi carbonisés implique l'existence d'anciens foyers, nous n'avons pas cru devoir donner exclusivement le nom de foyers à nos amoncellements, puisque la plupart des débris qui les composent : silex, cornes, os travaillés ou brisés, ne présentent aucune trace de combustion. Nous l'emploierons cependant parfois comme équivalent.

leur intensité est toujours en rapport avec celle des amoncellements frais et riches qu'elles avoisinent (1).

La coupe transversale (pl. III, fig. 6) de nos amas de débris de cuisine types, les plus considérables, présente à peu près la forme d'une section de cône surbaissé. L'un d'eux, qui renfermait beaucoup de bois de renne, un grand os d'éléphant, long de 0m 80, et de très-beaux silex, entre autres une superbe pointe de lance, placée sous l'os lui-même, mesurait environ 3m de diamètre et 0m 60 dans sa plus grande hauteur. A part quelques os brûlés, formant un résidu noir et cendreux, tous les débris d'animaux sont, comme nous l'avons déjà dit, d'une conservation étonnante. On pourrait les croire frais. Certaines cornes de renne sont encore entièrement dures et dégagent, quand on les travaille, l'odeur de la corne fraîche. Les os fragmentés ont conservé une quantité considérable de leur gélatine (2). Enfin, ce qui n'est pas moins intéressant à noter, c'est que tous ces amas de débris de cuisine reposent sur des dalles brutes en nombre plus ou moins considérable. Ils sont également recouverts par d'autres dalles protectrices dont la constance est si caractéristique, que toutes les fois que nos pioches venaient à les rencontrer, nous pouvions prédire à coup sûr l'existence d'un foyer sous-jacent,

(1) Nous avons pu constater à 2m 30 de profondeur, un épais et vaste amas de balayures dont les traînées remontaient obliquement jusqu'à un vaste foyer situé seulement à 0m 60 au-dessous de la superficie du sol; preuve qu'il existait autrefois en cet endroit un talus fort et rapide.

(2) L'un de nous en a eu la preuve par le fait suivant: Beaucoup des silex des amas étant, comme nous l'avons déjà signalé, encroûtés par des dépôts calcaires et portant des esquilles d'os agglutinés à leur surface, il est nécessaire, pour les dégager, de les faire tremper dans un bain d'acide chlorhydrique étendu d'eau. Or, au bout d'un certain temps, les os ainsi adhérents se trouvent recouverts d'une matière gélatineuse, molle et translucide, qui par la dessication redevient opaque et cassante. D'ailleurs ces os, mis au feu, dégagent encore une odeur très-forte et deviennent noirs.

et que nous n'avons jamais été trompés dans nos prévisions. En effet, une fois la dalle enlevée, sa partie inférieure offrait de nombreux débris adhérents ou des traces de matière cendreuse ; puis l'amas se montrait intact avec sa composition ordinaire, et parfois des instruments en silex (lances, flèches, grattoirs et éclats) apparaissaient à la surface dans un tel état de conservation, qu'il semblait qu'ils eussent été déposés là, pour être repris à la première occasion

Le renne forme presque à lui tout seul les débris de cuisine. On le retrouve à tous les âges, et on ne peut guère évaluer à moins de plusieurs centaines le nombre des individus réunis sur l'étroit espace occupé par les amas, qui d'ailleurs se touchent presque tous (1). Les parties les plus abondantes de son squelette sont les bois, les maxillaires inférieurs, généralement écrêtés à la base, les tibias et les métatarses également brisés, les astragales, les calcanéums et les phalanges ; les vertèbres et les côtes, quoique relativement plus rares, se rencontrent cependant en certaine quantité. Les dents incisives, seules, semblent faire presque entièrement défaut.

Par contre, le cheval est relativement assez peu abondant dans les amoncellements à débris mélangés ou foyers. Mais il existe quelques petits foyers presque exclusivement composés des os fragmentés de cet animal, et, chose assez remarquable, les pointes de flèches et de lances si communes ailleurs ne s'y montrent pas ; les grattoirs y sont rares ;

(1) Nous avons recueilli près de 400 bases de perches encore pourvues pour la plupart de leurs meules, ce qui donnerait un troupeau de 200 têtes, à supposer que tous les bois puissent s'appareiller deux à deux. Mais il s'en faut bien qu'il en soit ainsi. On doit donc admettre que le nombre des rennes a dû dépasser ce chiffre. Leur prédominence dans les foyers de Solutré semble indiquer le cantonnement presque exclusif de ce gibier dans la partie montagneuse du Mâconnais.

tandis que les simples éclats y abondent et que l'on y retrouve, comme à l'ordinaire, la même variété de pierres dures propres à concasser les os. En général on peut dire que partout où prédominent les belles cornes de renne, c'est-à-dire dans les grands foyers, là se trouvent aussi les silex les plus beaux et les plus variés de forme. Il en est de même pour les amas qui ont fourni des os ou des fragments de défense d'éléphant.

Au renne, au cheval et à l'éléphant, il faut ajouter, pour clore la liste des débris d'animaux des foyers, quelques autres fragments beaucoup plus rares, mais qui complètent nos renseignements sur une partie de la faune qui habitait alors ces parages. Ce sont : 1o deux énormes bases de cornes de cerf commun (cervus elaphus) façonnées en marteaux ; puis deux forts canons ayant appartenu probablement au même animal ; 2o un os scaphoïde, une astragale, une phalange onguéale, un tibia et plusieurs dents d'un très-grand bœuf, de dimensions semblables à celles de l'aurochs ; 3o des mâchoires de renard et une canine de ce dernier animal, percée à sa racine d'un petit trou de suspension ; 4o trois canines de loup, dont l'une est également trouée intentionnellement ; 5o une canine de grand tigre des cavernes.

Si la plupart du temps les débris qui constituent les amas sont à l'état libre, c'est-à-dire meubles, cependant, sur quelques points, ils forment, ainsi que nous l'avons fait pressentir, des conglomérats ou magmas solides. De cette façon l'ancien état de chose a été, si nous pouvons nous exprimer ainsi, pris sur le fait et se révèle dans toute son intégrité, bien mieux encore que ne peuvent le démontrer les coups de pioche les plus prudemment appliqués. Ainsi l'on voit qu'à l'époque où les amas ont été abandonnés, le mélange d'objets de toute nature qui les constituent était complet et n'a subi aucun dérangement postérieur. La fraîcheur des arêtes des os brisés, la cassure franche des silex, leurs parties quelquefois juxtaposées quoique brisées, leur couleur naturelle conservée sous les concrétions, couleur qui s'altère très-rapidement à l'air libre dans nos contrées (1), etc..., le démontrent suffisamment. Donnons quelques exemples de ces mélanges : A côté d'une moitié de maxillaire inférieur de renne, le même bloc renferme un fragment de bois et une phalange du même animal. Une tête de flèche leur est adhérente (2), mais elle se trouve brisée en deux morceaux, et la pointe de sa base est tournée vers la cassure médiane de l'autre morceau. Puis çà et là, à travers tout le reste de la masse composée de pierrailles et de fragments plus ou moins volumineux, d'autres cornes ou d'autres os brisés à l'état frais, beaucoup de petits morceaux d'os carbonisés d'un noir de jais, ou bien seulement bleuâtres, ou encore complétement blanchis. Ailleurs c'est une moitié de tête de lance empâtée isolément ; ici, au contraire, se trouve un couteau brisé par compression, mais dont les deux fragments sont juxtaposés ; plus loin c'est encore une grande perche de renne cassée de la même manière, etc..... Enfin, certaines dalles recouvrantes peuvent être comparées elles-mêmes à des sceaux restés intacts, car elles adhèrent fortement aux magmas.

Nous devons mentionner aussi des *objets d'art* consistant en os, en bois de renne ou en pierres travaillés. Mais, disons-le, les produits de cette sorte sont très-rares et très-

---

(1) D'après nos expériences, il ne faut pas plus d'un mois d'exposition au soleil et à l'air, pour que la couleur de certaines variétés de nos silex s'altère notablement.

(2) Ne serait-il pas possible qu'une partie des pointes de flèches ou de lances recueillies dans les amas de débris de cuisine n'y aient été apportées dans la dépouille même des animaux auxquels ces armes avaient donné la mort ?

primitifs au Clos du Charnier. La pièce principale est un petit renne, d'une facture barbare, mais très-suffisamment indiqué, sculpté en pierre tendre et siliceuse. C'est la seule représentation animale trouvée dans nos fouilles (1). Un fragment d'os présente de petites bossettes assez habilement ménagées dans l'épaisseur de l'os. Une plaquette calcaire de l'étage rhétien a été dressée, raclée, puis découpée dans une forme difficile à expliquer, et ornée sur ses bords de nombreuses petites encoches régulièrement espacées. Beaucoup de bois de renne ont été creusés pour servir de manches d'outils, ou taillés, comme nous l'avons dit, pour servir de marteaux. Deux dents, l'une de loup et l'autre de renard, sont percées d'un trou de suspension. Le reste consiste en quelques poinçons, en os polis, striés ou ornés d'encoches. Un grand nombre de fragments de bois de renne portent à leur extrémité le trait de scie qui a servi à les diviser.

Enfin il nous reste à signaler, pour finir, trois ou quatre fragments de poterie grossière rouge-brune ou jaune, très-calcaire, mal cuite, faite à la main, analogue à la poterie néolithique des bords de la Saône. Un de ces fragments, recueilli à 0m 60 de profondeur, dans le terrain remanié superficiel, un peu au-dessus d'un foyer, portait même une anse mamelonnée, très-caractérisée (2). Mais ce morceau peut être postérieur aux foyers, quoiqu'il offre la plus grande analogie de pâte avec les débris de poterie recueillis dans les foyers eux-mêmes.

(1) Voir, H. de Ferry, Revue archéologique, mars 1868, p. 207-212, pl. VII.

(2) L'anse mamelonnée, abondante à l'époque de la pierre polie, s'est déjà rencontrée antérieurement. M. E. Lartet nous écrit à ce sujet qu'il en possède une provenant de ses fouilles de la grotte d'Aurignac (âge du grand ours).

§ 7. *Amas de débris de chevaux.* — Ces amas constituent, ainsi que nous l'avons dit, autour d'une partie de l'enceinte où sont accumulés les débris de cuisine que nous venons de décrire, une bordure dont la largeur n'a pu être périmétrée exactement, mais qui, dans l'état actuel de nos constatations, est considérable, puisqu'elle présente une épaisseur moyenne de 0m 50 et qu'elle recouvre d'une manière continue une surface de terrain équivalente à 849m carrés. Ces amas, qui sur quelques points font des angles saillants et rentrants à la limite des foyers, se montrent, comme ces derniers (pl. I et II, fig. 1 et 3), à des profondeurs inégales, tantôt presque à fleur de sol, tantôt jusqu'à des profondeurs de 1m 30 et même de 2m 40. Ils sont ordinairement juxtaposés aux débris de cuisine : mais en quelques endroits ils s'enfoncent au-dessous de plusieurs d'entre eux de la manière la plus incontestable. Une fouille poussée à 2m 40 de profondeur nous les a montrés sous un foyer non remanié qui semblait avoir été creusé au milieu d'eux (pl. III, fig. 5). A quelque distance de là, au-dessus du talus souterrain dont nous avons déjà eu l'occasion de parler, un grand et beau foyer, avec renne et éléphant, bois (plus de cinquante) et silex nombreux, dalles recouvrantes, sous l'une desquelles se trouvaient disposés à plat une grande tête de lance, une pointe de flèche, un grattoir et une lame, avait pour soubassement un lit d'environ 0m60 d'épaisseur d'os de chevaux, qui renfermait lui-même un peu plus loin un autre foyer intercalé. C'est du reste à la lisière seule des véritables foyers qu'ont lieu ces intercalations et ces superpositions. Au delà les débris de chevaux règnent et se continuent seuls. Nous ne les avons jamais rencontrés non plus dans l'intérieur de l'enceinte des débris de cuisine, de sorte que toutes nos recherches nous ont amenés à constater ce fait que là où cessent les foyers, là commencent les accumulations de débris de chevaux. Ces amas, composés de débris soit meubles, soit transformés en magmas (1), ont du reste une composition exclusive et toujours identique. Il n'y a que du cheval, rien que du cheval, absolument que du cheval, et partout dans les mêmes conditions. Tous les os ou débris d'os ont subi l'action du feu ; tous ont une légère teinte bleuâtre à leur sortie de terre ; blanchissent en peu de temps et, une fois secs, happent fortement à la langue et absorbent l'eau avec avidité. Enfin, çà et là, dans les magmas, se retrouvent quelques esquilles entièrement carbonisées. Le mélange de ces débris est en outre complet. Ici une phalange onguéale ou un canon entier, noyés dans des masses d'esquilles triturées de toutes les dimensions ou accolées à deux ou trois dents très-souvent retournées en sens inverse les unes des autres ; là un fragment de mâchoire perdu au milieu de phalanges ou de débris de tibias et de fémurs ; ailleurs une tête de fémur brisée à la base et cimentée avec des fragments de dents ou des esquilles ; le tout tassé sans le moindre intervalle, sans objets étrangers ou pierrailles adventices, comme dans les débris de cuisine, mais for-

(1) Les magmas ne se rencontrent ordinairement qu'à une certaine profondeur, fait qui concorde avec la manière dont s'opèrent généralement les agrégations dans les terrains perméables. On sait, en effet, que l'eau de pluie, quand elle tombe sur un sol où des matières végétales sont en voie de décomposition, peut se charger d'une certaine quantité d'acide carbonique et acquérir ainsi le pouvoir de dissoudre quelques parties des matériaux calcaires à travers lesquels elle s'infiltre. Les couches inférieures, où cette eau descend, devenant plus froides, la température du dissolvant s'abaisse et la matière minérale tend alors à s'en séparer et à se déposer sous forme solide. Au Clos du Charnier les os isolés, répandus çà et là dans le premier sous-sol, ne sont jamais revêtus de concrétions. Cependant, à peu de distance de la superficie actuelle, on rencontre des *magmas* dans les endroits où les ossements sont réunis en grand nombre, tandis que sur d'autres points, malgré leur abondance, ils sont restés libres. Ce fait ne prouverait-il pas qu'autrefois les magmas superficiels étaient à une plus grande profondeur qu'à présent ?

mant une masse serrée, homogène, compacte, une espèce de béton si l'on veut. Un mètre cube environ de ce magma a fourni à l'un de nous quarante canons entiers, ce qui donnerait pour la superficie connue, occupée par ces amas, une moyenne d'environ 2,122 chevaux. Si les canons se présentent généralement entiers, il n'en est pas de même des fémurs et des tibias qui sont assez souvent brisés. Mais les cassures de ces os, ainsi que les esquilles, n'offrent plus, comme ceux du renne, des arêtes vives, nettes et franches : au contraire, leurs angles sont émoussés et leurs pointes arrondies. On dirait que les brisures ont eu lieu après que les ossements avaient perdu une partie de leur solidité. Du reste, au milieu de tant de débris, pas un seul de ces cailloux concasseurs en pierre dure si fréquents parmi les ossements de renne. Sur deux ou trois points seulement, nous avons recueilli une certaine quantité d'éclats ou de couteaux épars çà et là, mais avec cette particularité que tous avaient intégralement conservé leur tranchant primitif, et n'avaient par conséquent jamais servi.

§ 8. *Sépultures.* — Les sépultures du Clos du Charnier sont aussi groupées sur l'espace occupé tant par les foyers que par les amas de chevaux. Toute la partie orientale du monticule, où cessent les différents amas, en est absolument privée.

Elles peuvent se diviser en deux catégories : 1° les sépultures en dalles brutes ; 2° les sépultures dans la terre libre. Elles sont en outre réparties ainsi qu'il suit : les premières, soit sur les amas de débris de chevaux, soit dans le sous-sol ordinaire : les secondes, soit également sur les débris de chevaux, soit sur les foyers, soit enfin encore dans le sous-sol ordinaire. Un certain nombre d'entre elles ont dû être violées à une époque qu'il est assez difficile de déterminer, car on rencontre soit des tombes qui n'ont conservé que des restes insignifiants, soit des os humains épars dans la couche la plus superficielle du terrain. Aucune de ces sépultures n'a une orientation déterminée, et la position des cadavres paraît subordonnée à la pente et aux accidents du terrain. Elles gisent, comme les foyers et les amas de chevaux, à des profondeurs inégales.

Nous n'avons pas à revenir sur les sépultures en dalles brutes, dont nous avons eu déjà l'occasion de parler ailleurs avec détail (1). Rappelons seulement que l'une d'elles, retrouvée intacte et explorée par l'un de nous, se présentait sous la forme d'un caisson rectangulaire bien joint et bien fermé quoiqu'en dalles non équarries, établi sur le magma de cheval. Le squelette, qui était celui d'une femme finnoise, reposait étendu sur des os brûlés et pilés. Il avait à ses côtés des os de cheval et de renne et trois couteaux de silex.

Les sépultures gisant dans la terre libre du sous-sol ordinaire, sont plus ou moins dispersées, du moins dans l'état de choses actuel. Quelques-unes paraissent avoir été recouvertes intentionnellement de pierres amoncelées, sans cependant qu'il soit possible de le démontrer complétement. Quelques autres présentent une lave ou une pierre brute de petite dimension, dressée souterrainement à côté du squelette soit à la tête, soit aux pieds, soit simplement aux côtés. Enfin presque toutes sont accompagnées de débris d'os de renne ou de cheval associés, quelques-uns carbonisés, et de silex, y compris celles (dont le nombre est très-restreint) qui, placées sur l'extrême limite des foyers et des amas de chevaux, ne semblent plus recouvertes que par de la terre vierge pure.

(1) Voir, H. de Ferry, Discours de réception à l'Académie de Mâcon, 1868. — Id., l'Homme préhistorique en Mâconnais, 1868.

Enfin les sépultures établies sur des foyers offrent, comme on va le voir, beaucoup plus d'intérêt. Elles sont réunies en grand nombre et de manière à se toucher presque toutes, sur l'emplacement même des accumulations de débris de cuisine. La plupart des foyers supportent un ou plusieurs squelettes, dont la profondeur est en relation directe et constante avec la profondeur du foyer lui-même (1). Si par exemple le foyer commence à 0m 60 de la surface actuelle, le squelette est à cette profondeur : si le mort n'est qu'à 1m 50 ou 1m 80, le foyer alors n'apparaît qu'à ce niveau. Les individus se trouvent placés tantôt dans l'axe du foyer lui-même, tantôt par côté. Ils reposent sur le dos, les jambes étendues et les bras rapprochés du corps. Un cadavre pourtant a fait exception à cette règle, car déposé à côté d'un foyer il avait le bras gauche étendu sur celui-ci, faisant ainsi un angle droit avec le reste du corps. Il résulte de la position même des squelettes sur des foyers ou des amas de débris plus ou moins coniques, que les corps ne sont jamais dans une position horizontale, mais inclinés à droite ou à gauche, les pieds ou la tête plus haut ou plus bas, comme s'ils avaient glissé sur d'anciennes déclivités.

Les squelettes sont le plus souvent intacts, complets : tous les os se présentent dans leur ordre régulier, mais quelquefois brisés ou écrasés par le poids du terrain. Leur conservation est parfaite. Cependant, comme nous l'avons dit, quelques sépultures avaient été antérieurement violées. De plus, un cadavre, bien entier d'ailleurs, et ne paraissant avoir été aucunement dérangé, normalement étendu sur un foyer, était privé de sa tête.

---

(1) Quelques-uns de ces squelettes sont même complètement dans les foyers. Nous y avions déjà trouvé il y a longtemps des phalanges humaines, des dents, des fragments de tibias ou d'autres os brisés, intimement mêlés aux débris de cuisine.

Si les squelettes sont entiers et exempts de profanations, en revanche un assez grand nombre de leurs os paraissent avoir subi l'action d'une certaine chaleur. Ils présentent, comme les débris de chevaux des magmas, des taches bleuâtres, blanchissent rapidement, happent fortement à la langue, et sont couverts de petites papilles, d'esquilles et d'excroissances qui ont paru au Dr Pruner-Bey pouvoir provenir « d'une chaleur d'ailleurs peu intense. »

Enfin, ce qui n'est pas moins digne de remarque, la grandeur et l'importance des amas de débris de cuisine ou de foyers sont en quelque sorte en rapport soit avec le nombre des débris humains qui les couronnent, soit avec l'âge des individus enfouis. Ainsi aux grands foyers en général les vieillards, les hommes faits ou les femmes, et aux petits foyers les enfants. Dernièrement, l'un de nous fouillant un endroit où il y avait discontinuité de foyers, tomba tout à coup sur un tout petit foyer, presque exclusivement composé d'os de cheval, avec une grande quantité de lames de silex, sur lequel reposait un petit corps d'enfant pourvu encore de ses dents de lait. Quelques jours après nous découvrîmes un nouveau squelette d'enfant, du même âge : cette fois le terrain sous-jacent ne contenait que quelques débris d'os brûlés indéterminables.

Comme nous l'avons dit, il y a dans ce vaste ossuaire des individus de tout âge et de tout sexe ; mais les vieillards et les enfants paraissent dominer. Le nombre total des individus que nous avons pu reconnaître s'élève actuellement à 50 ; chiffre qui, hâtons-nous de le reconnaître, ne représente certainement qu'une petite partie des anciennes inhumations, attendu que les débris de rennes et de chevaux se prolongeaient autrefois bien au delà du cercle possible de nos investigations, dans les vignes environnantes où l'on a signalé aussi des sépultures détruites depuis longtemps.

Observons encore que, malgré tous nos soins à recueillir et à examiner les plus minimes débris de cette nécropole, nous n'avons jamais trouvé dans ses profondeurs autre chose que des ossements, des pierres dures de nature diverse, des os travaillés, quelques fragments de poterie et enfin des armes ou instruments en silex, accusant un style uniforme, une même époque. Rien d'étranger, d'anormal, pas un morceau de métal ne s'y est rencontré. Cependant il faut remarquer que vers la partie nord du tertre, la plus rapprochée de la base de l'escarpement, les sépultures sont pour ainsi dire à la surface du sol, comme si le terrain de recouvrement avait été enlevé. Dans ce cas la plupart des squelettes sont bouleversés, et leurs débris mêlés à des objets étrangers plus modernes, tels que des briques par exemple. Il y a eu sur ce point remaniement postérieur.

Tous les ossements humains retirés de nos fouilles ont été communiqués au savant anthropologue, M. le Dr Pruner-Bey, qui a bien voulu, avec une rare obligeance, nous communiquer ses conclusions. Nous les résumons ainsi :

Tous nos individus appartiennent à cette race préhistorique que M. Pruner-Bey a baptisée lui-même, sous le nom de race mongoloïde. Tous en effet ont la face losangique, reconnue comme un des caractères constants de la famille mongole. Ils peuvent se répartir entre quatre types principaux que M. Pruner-Bey, par son habile diagnose ethnique, rattache aux quatre principaux types des races hyperboréennes. Ce sont : 1o le type lapon, à tête arrondie ou brachycéphale ; au squelette grêle et de petite taille ; — 2o le type finnois, sur la limite des têtes rondes et des têtes longues, ou mésaticéphale ; au squelette massif et de haute taille ; — 3o le type déjà rencontré à la station des Eyzies, que M. Pruner-Bey croit pouvoir rattacher à la race esthonienne, caractérisé par l'allongement considérable du crâne, c'est-à-dire par une dolichocéphalie très-prononcée; — 4° enfin, un type, particulier jusqu'à présent à Solutré, et que M. Pruner-Bey a nommé esquimoïde, à cause de son affinité avec celui des populations du détroit de Behring. A côté de ces quatre types principaux il faut ranger les métis provenant de leur mélange. Enfin nous ne pouvons passer sous silence un crâne anormal, peut-être celtique, mais qui reste douteux parce qu'il présente des caractères contradictoires. Notons aussi qu'un certain nombre d'individus présentent des traces de rachitisme.

II.

Nous venons de décrire séparément tous les faits que nous avons eu l'occasion d'observer pendant le cours de nos travaux d'exploration. Il nous reste maintenant à établir les liens qui les unissent entre eux, c'est-à-dire leurs relations et leur concordance.

Nous prendrons pour base et pour point de départ de cette seconde partie le gisement à débris de cuisine et à foyers. Ce gisement se présente en effet comme parfaitement homogène, sans traces de remaniements ni de mélanges, ainsi qu'il résulte de la description donnée plus haut. Les dalles qui recouvrent les amas de cuisine ou les foyers comme d'un sceau intact, seraient là, à défaut d'autres preuves, pour attester que, depuis leur abandon, aucune main profane ne vint remuer ces vieilles poussières.

L'espace occupé par ces amas de débris de cuisine est, avons-nous dit, circonscrit en partie par des accumulations particulières d'ossements de cheval qui, — nous l'avons établi, — se prolongent au point de contact, sous certains foyers non remaniés. Il n'y a donc pas lieu de douter, les amas d'ossements de cheval ne peuvent être que contemporains des foyers ou plus anciens qu'eux ; ils ne sauraient à aucun titre être plus modernes. Mais comme après tout il y a une relation évidente entre ces foyers et ces amas de cheval, comme les uns commencent où les autres finissent, et qu'il n'y a aucune confusion des uns aux autres, nous sommes forcés d'admettre qu'ils sont contemporains ou peu s'en faut. Une même pensée les a créés. Les amas de cheval bordent l'espace occupé par les foyers, comme un mur borde un chemin. Or, il ne viendrait à l'idée de personne en voyant un mur et un chemin dans cette situation, d'admettre qu'il n'y a entre eux aucune relation intentionnelle.

Si l'on compare les amas de rebuts de cuisine et les amas de cheval, non plus dans leur position relative, mais dans leur composition intime, on est frappé de leur dissemblance :

Ici sont de vastes accumulations d'os d'animaux divers, renne, cheval, éléphant, cerf, bœuf, etc., tous brisés, mélangés à des matières cendreuses, à des os calcinés, à des silex ouvrés, à des os travaillés. Tout y indique le long séjour d'une population nombreuse ; tout y rappelle les travaux domestiques et les besoins de la vie matérielle. L'ancien sol s'est exhaussé progressivement par l'accumulation des débris; des foyers se sont succédé à la même place, les uns par dessus les autres. De nombreuses esquilles de silex, des nuclei, des pièces cassées, des marteaux, indiquent qu'on a taillé longtemps des armes ou des instruments autour des foyers. Enfin une quantité énorme d'objets d'utilité ou de curiosité nous laissent deviner une population indigène parfaitement au courant de toutes les productions minéralogiques du pays, comme aussi certaines substances complétement étrangères laisseraient supposer que le champ d'action de cette peuplade n'était peut-être pas limité à la vallée de la Saône, mais qu'elle pouvait s'étendre jusqu'aux Alpes. En un mot, les accumulations de débris de cuisine indiquent une alimentation normale, quotidienne, successive, prolongée, alternant avec tous les autres besoins de la vie ordinaire.

Nous ne pouvons tirer les mêmes conclusions des amas de débris de chevaux.

Là, aucun mélange, aucune succession apparente dans leur formation ; on les dirait coulés d'un seul bloc. Partout la même uniformité, partout aussi les mêmes procédés dans cette immense agglomération dont l'unité et la manière d'être suffisent pour écarter l'idée de l'assouvissement d'un besoin matériel. En effet, une tribu ne mange pas exclusivement et sans traces d'opérations multiples deux mille chevaux et plus. Nous avons vu dans les véritables rebuts de cuisine une grande variété de débris et de plus leur accumulation se produire successivement. Si les amas de chevaux représentaient quelque chose d'analogue, nous en aurions la preuve dans leur composition même ; rien cependant n'en vient donner l'idée. Ici, tout a été passé au feu, nul débris n'a été utilisé ; aucun objet étranger ne s'y trouve associé ; pas un ne porte les stries que produit le silex ; en un mot il y a séparation complète de ces milliers de débris, évidemment mis à part intentionnellement. Il est donc impossible de ne pas voir dans les allures si différentes des véritables foyers et des amas de chevaux deux faits bien tranchés : le premier se rapportant complétement à la vie pratique, usuelle, matérielle ; le second, au contraire, ne présentant aucun rapport avec celle-ci.

Les foyers, comme les amas d'ossements de cheval, sont, avons-nous dit précédemment, enfouis à une profondeur variable sous une couche de terrain remanié, rempli de débris épars analogues soit à ceux des foyers, soit à ceux des amas de cheval. Or, le Clos du Charnier, cette friche aride et perméable, est éloigné de tout cours d'eau ; il n'y a pas de terres supérieures pouvant s'ébouler ; l'apport annuel y est donc pour ainsi dire nul, et il faudrait des siècles de végétation pour augmenter la couche superficielle de quelques millimètres à peine. Si, par conséquent, les amas de débris de cuisine et de chevaux avaient été un beau jour abandonnés à l'air libre, l'action combinée du temps, de la végétation des hommes et même des animaux, aurait éparpillé les foyers, dérangé les pierres recouvrantes, désagrégé et fusé les os, éraillé ou gelé les silex, altéré la pureté des amas de chevaux, etc. L'eau pluviale elle-même, n'ayant pas de terrain supérieur à traverser avant d'arriver sur les débris et par conséquent pas de matière calcaire à dissoudre, n'aurait pu former les magmas, ni recouvrir, comme elle l'a fait, d'une couche préservatrice certaines parties des silex, qui lui doivent d'avoir gardé ainsi jusqu'à nos jours leur couleur primitive, couleur qui s'altère parfois en quelques mois à l'air libre. On ne peut donc hésiter à conclure que les amas, vu leur état et leur admirable conservation, ont dû être enfouis immédiatement, c'est-à-dire dans un bref délai, après leur abandon. Cet enfouissement, nous le disons plus haut, ne peut pas être attribué à des causes naturelles ; c'est donc l'œuvre des hommes contemporains des amas et des débris eux-mêmes.

Tout d'ailleurs nous le prouve, et par exemple la composition même du terrain rapporté. S'il avait été amené là par des causes naturelles, il différerait du terrain vierge sous-jacent et renfermerait des débris plus ou moins roulés et même étrangers à la localité ou tout au moins au Clos du Charnier. Il n'en est rien ; les ossements répandus dans le sol supérieur sont les mêmes que ceux des foyers et des amas de chevaux et présentent une conservation identique.

sauf ceux qui, exhumés par des causes journalières, gisent çà et là à la surface, d'où l'on peut conclure que ce terrain est lui-même formé de foyers et d'amas remaniés. De plus les foyers et les amas sous-jacents étant parfaitement intacts, il faut admettre de toute nécessité que le terrain de recouvrement a été apporté du voisinage et d'un lieu primitivement occupé par des amas et par des foyers. Peut-être avons-nous dans ce fait l'explication toute simple de la grande dépression orientale dont nous avons parlé précédemment; toute cette portion orientale du tertre est, comme nous l'avons fait remarquer, dénudée; les débris d'ossements y sont très-rares, et les marnes du lias y sont mises à découvert.

Restent les sépultures.

Elles sont, avons-nous dit, de trois sortes. Occupons-nous d'abord des sépultures entre des dalles brutes. Nous les avons considérées comme contemporaines des foyers, et nous avons dans des mémoires antérieurs développé l'ensemble des preuves qui militent en faveur de cette opinion. Elles peuvent se résumer à trois principales : 1° plusieurs de ces tombes étaient établies sur des os de chevaux pilés et brûlés et sur les amas d'ossements de chevaux; 2° l'une d'elles renfermait des os de cheval et des os de renne et trois couteaux de silex qui n'avaient pu y être déposés qu'à l'époque de l'inhumation; 3° enfin les types qu'elles renfermaient étaient mongoloïdes (Lapons et Finnois), identiques à ceux provenant d'autres stations du même âge, et identiques à ceux des foyers voisins, comme l'a déterminé M. le Dr Pruner-Bey. Il y a donc tout lieu de considérer ces tombes comme contemporaines des amas de cuisine (1).

(1) Voir, H. de Ferry, Discours de réception à l'Académie de Mâcon, 1868. — Id., l'Homme préhistorique en Mâconnais, 1868. — A. Arcelin, la Station de l'âge du renne de Solutré, 1868. On s'est étonné de rencon-

Viennent ensuite les sépultures déposées sur les foyers. Nous avons établi précédemment : 1° que les squelettes sont invariablement étendus sur les foyers non remaniés, quelle que soit la profondeur de ces foyers. — Il serait étrange qu'à une époque postérieure et après l'enfouissement des foyers, on se soit fait en quelque sorte une loi d'enterrer par dessus ces foyers et de creuser les fosses d'inhumation jusqu'à leur rencontre, de façon que certains corps reposant presque à la surface, d'autres se trouvassent enfouis à deux mètres de profondeur. — 2° Qu'un grand nombre d'os des squelettes portent des traces de brûlures. — Ce fait vaut une étiquette et prouve d'une façon irréfutable que les corps ont été déposés sur les foyers mal éteints ou au moins encore chauds, avant leur enfouissement par conséquent; ce qui indique en même temps la cause de cet enfouissement et la raison de ce terrain rapporté. Il fallait bien recouvrir et protéger les morts dans leur dernier sommeil. — Que les types sont tous mongoloïdes, identiques pour un certain nombre à ceux des tombes en dalles brutes, et présentent le même degré d'altération, les mêmes incrustations calcaires, le même aspect blanchâtre, crayeux des os. La conclusion à tirer de cela est que les sépultures des foyers sont contemporaines des foyers et contiennent des ossements identiques à ceux des sépultures en dalles.

Il en est de même des sépultures qui ont été faites simplement dans le terrain libre. Elles ont donné des types

---

trer des cercueils en laves dès l'âge du renne. Remarquons que s'ils sont rares, la plupart des autres sépultures en sont le *rudiment*. En effet, on y retrouve presque toujours soit une pierre levée à la tête du mort, soit quelques pierres levées à ses côtés. N'oublions pas non plus que les grottes funéraires du trou de Furfooz et d'Aurignac étaient fermées par une dalle levée.

identiques aux premiers, et si l'on observe que nous avons toujours trouvé étendu sous le cadavre comme un petit lit d'os ou de charbon, lui formant comme une chape funèbre, on n'hésitera pas à les assimiler aux autres et à considérer la nécropole du Clos du Charnier comme parfaitement homogène (1). En un mot nous concluons, sous la dictée des faits, que foyers, amas de débris de cuisine ou d'ossements de cheval, sépultures en dalles brutes, sur des foyers ou dans le terrain libre, sont unis par un lien intime et incontestable, et nous nous croyons autorisés à formuler les propositions qui suivent :

1° Des foyers ont été établis sur le sol primitif d'un tertre naturel.

2° Un grand nombre d'animaux, parmi lesquels le renne domine, ont été dépecés, cuits (et mangés selon toute apparence crus ou cuits) autour de ces foyers.

3° Des silex ont été taillés sur place.

4° Ces opérations ont duré longtemps et ont dû se renouveler fréquemment au même lieu (foyers superposés) ; tout y indique les traces d'un long séjour.

5° Des débris de cuisine ainsi que des bois de renne, brisés intentionnellement, et des silex taillés ont été accumulés sur certains points et recouverts de dalles brutes.

6° Une immense quantité de chevaux ont été égorgés, dépecés, cuits ou brûlés, et leurs débris amoncelés autour de l'espace occupé par les amas de rebuts de cuisine et les

(1) Quand les sépultures ne sont ni sur les *magmas* de chevaux ni sur les débris de cuisine, mais simplement dans la terre libre, le mort repose toujours sur un lit cendreux qui le périmètre exactement. A l'entour et au-dessous règne la terre vierge, ce qui prouve bien que les squelettes et la chape cendreuse sont du même temps, parce que cette relation de niveaux si constante ne peut pas être accidentelle. Ici comme ailleurs les os portent toujours des traces de brûlures, comme si le corps avait été déposé sur un petit foyer allumé à son intention.

foyers ; quelques foyers même ont été établis et allumés sur et dans les amas de chevaux.

7o Des morts appartenant à la race mongoloïde (types finnois, lapons, esthoniens, des Eyzies et esquimoïdes) ont été déposés sur des foyers encore chauds.

8o Le tout a été recouvert, dans un bref délai, de terre ramassée alentour à la surface du sol et contenant de nombreux débris de foyers dispersés. Puis l'espace a été nivelé ou à peu près.

Tel est le rigoureux enchaînement des faits.

III.

Nous avons terminé l'examen scientifique de la station du Clos du Charnier. Les faits sont établis avec toute la précision qui nous a été possible. Les éléments du problème sont définis. A chacun maintenant d'en tirer les conclusions qui lui paraîtront les meilleures et de les expliquer comme il lui plaira.

Qu'on nous permette néanmoins d'exposer, pour finir, les hypothèses que nous a suggérées cette étude longue et patiente, poursuivie sans interruption pendant deux années, et pendant laquelle nous avons cherché à nous identifier aux allures, aux mœurs, aux usages, à la vie en un mot des gens dont nous venions remuer la poussière.

Il nous paraît constant que le Clos du Charnier et les lieux environnants ont servi de campement à une tribu mongoloïde de l'âge du renne. Etait-ce un campement *permanent ?* Nous ne le pensons pas, parce que des peuples chasseurs sont nécessairement obligés à de nombreux déplacements ; ce qui ne les empêche pas d'ailleurs de revenir souvent aux mêmes lieux, suivant les saisons, les hasards de la chasse, etc... Solutré fut tout au moins une station de chasse fréquemment et longtemps visitée ; de telle sorte que, en maintenant la réserve que nous venons de faire, on pourrait à la rigueur la dire permanente. Nous avons déjà démontré dans des travaux antérieurs, en nous appuyant sur l'opinion des savants les plus compétents en pareille matière, MM. Edouard Lartet, Dupont, de Mortillet, etc., que la station de Solutré peut être de tout point assimilée à celle de Laugerie-Haute, c'est-à-dire rapportée à la première époque du renne, antérieure aux stations de la Madelaine, des Eyzies et de Bruniquel (1). Les faits servant à l'établir sont de deux sortes : les uns positifs : la forme, le style et le travail des silex ; les autres négatifs : l'absence de hachettes, de scies, de flèches ou d'aiguilles en os, l'extrême rareté d'instruments en os et d'objets d'art.

A ceux qui, poussés par une curiosité peut-être trop hâtive, nous demanderaient de fixer la date chronologique de notre station, nous nous contenterons de répondre par un minimum approximatif. Des études sur les alluvions de la Saône (2) nous ont, en effet, permis de constater que l'époque de la pierre polie, postérieure à celle du renne, a commencé à régner dans nos pays depuis 4,000 ou 5,000 ans au moins. L'époque du renne serait donc plus ancienne ; les premières traces que nous ayons cru en retrouver en remontant le cours des siècles, c'est-à-dire en pénétrant dans les alluvions de la rivière, paraissent correspondre à des marnes bleues, auxquelles il nous est impossible d'attribuer,

(1) H. de Ferry, l'Homme préhistorique en Mâconnais, 1868. — A. Arcelin, la Station de l'âge du renne de Solutré, 1868. — G. de Mortillet, Matériaux pour l'histoire positive et philosophique de l'homme, t. IV, p. 36, 108.

(2) A. Arcelin, les Berges de la Saône, 1868. — H. de Ferry, Gisements archéologiques des bords de la Saône, 1868.

vu leur niveau, moins de 8,000 ou 10,000 ans. Entre ces marnes bleues et l'époque de la pierre polie, nous n'avons que des preuves *négatives;* aucun produit caractéristique n'est venu encore affirmer une civilisation déterminée.

La bonne exposition du coteau de Solutré en plein midi; le voisinage du rocher, citadelle naturelle et inexpugnable; la proximité d'une source abondante; une vue étendue en tout sens, et enfin une situation des plus avantageuses pour l'époque, ont pu déterminer les sauvages chasseurs de renne dans le choix de leur campement favori.

D'après les observations précédemment décrites, nous avons cru devoir établir une distinction radicale entre deux ordres de faits que nous nous sommes appliqués à caractériser et à différencier dans les chapitres précédents.

D'une part, nous voyons des foyers, des amas de rebuts de cuisine, d'armes et d'instruments, se rapportant aux usages domestiques et à la vie matérielle.

De l'autre, nous trouvons des foyers funéraires avec leurs hôtes, et des accumulations d'ossements de chevaux qu'il est impossible de confondre avec les débris de cuisine ordinaires. Plus de 2,000 chevaux égorgés à la fois, dépecés, brûlés, enfouis tous ensemble, à part, sans mélange de débris étrangers, seraient-ce donc là les restes d'un festin? La raison et le bon sens se refusent à le croire. Qu'est-ce alors? Si l'on tient compte du grand nombre de sépultures exhumées du même lieu, on est conduit à voir dans cette accumulation de chevaux l'accomplissement de rites funéraires. Nous avons dû nous arrêter à cette interprétation n'en pouvant trouver d'autre plus plausible.

Ici le campement de la tribu, là sa nécropole. Et pourquoi pas? Si de nombreuses générations ont vécu en ce lieu, on a dû y mourir aussi, et si l'on s'étonne de rencontrer en un point tant de sépultures d'une si haute antiquité, ne serait-on pas bien plus surpris encore de n'en trouver aucune.

Entre les foyers ordinaires et les foyers funéraires proprement dits, la différence n'est pas nettement tranchée. Si, d'une part, il y a de petits foyers, formés selon toute évidence à l'occasion et en l'honneur des sépultures, il y en a d'autres qui par leur importance, leur épaisseur, la variété des débris qu'ils contiennent semblent n'avoir été transformés en foyers funéraires proprement dits qu'après avoir servi d'abord aux usages vulgaires de la vie ordinaire. Peut-être, à cette époque, comme encore aujourd'hui, chez certaines peuplades sauvages, l'usage existait-il d'enterrer les morts dans la hutte même et sous le foyer domestique.

Quoi qu'il en soit de ces points de détail, le Clos du Charnier — il nous paraît impossible d'en douter, — fut le lieu d'un campement considérable, d'une station de chasse très-fréquentée, transformée à un moment donné et selon toute apparence successivement en un grand tertre funéraire, qui nous révèle tout un horizon nouveau en nous initiant aux rites funéraires des hommes de l'âge du renne, à leurs préoccupations morales et qui sait? à leur croyance dans une autre vie.

Tout est relatif, et si l'on tient compte des temps, des ressources, des moyens, on est profondément surpris des prodigieux efforts consacrés sur ce point à une idée toute morale, dégagée des besoins pressants de la vie matérielle. Qu'on réfléchisse, en effet, aux difficultés que présente le seul enfouissement des foyers et des sépultures sous une épaisseur de un ou deux mètres de terre rapportée, pour des hommes qui n'avaient ni pèles, ni pioches, ni instruments de métal! De tels faits, quelque barbares et primitifs qu'ils soient, affirment hautement le respect et le culte des morts!

On pourra nous objecter que cette hécatombe de chevaux, que nous signalons comme un rite funéraire, est un fait nouveau et qu'on n'a pas observé encore à l'âge du renne. Nous répondrons à cela que l'ethnographie de l'âge du renne est actuellement basée sur un trop petit nombre de documents, pour qu'on puisse rejeter un fait sous prétexte qu'il n'a pas été encore observé. Il est bon d'ailleurs de se souvenir qu'aux temps historiques les aryens primitifs d'une part et les peuples mongoles de l'autre immolaient des chevaux sur les tombes des morts, et cet usage pouvait remonter très-haut dans le passé.

Nos foyers funéraires ne peuvent donner lieu à aucune hésitation. En beaucoup d'autres stations on les a retrouvés plus ou moins bien caractérisés. « Dans la dernière sépulture humaine, fouillée aux Eyzies par mon fils, nous écrivait dernièrement M. E. Lartet, il se trouvait *au-dessous* plusieurs foyers superposés, avec débris de cuisine. Nous avions également trouvé à la Madelaine les restes d'un squelette humain à côté d'un foyer à débris de cuisine. » Les ossements humains, découverts par M. Brun au gisement de Lafaye (Bruniquel) se sont présentés dans les mêmes circonstances, c'est-à-dire entre des foyers et au milieu de débris de cuisine. La fameuse grotte funéraire du trou de Furfooz (Belgique) explorée par M. Dupont, et celle d'Aurignac (Haute-Garonne) explorée par M. E. Lartet, étaient également accompagnées de débris de cuisine et de foyers funéraires, ces derniers placés non pas sous les cadavres, mais à l'entrée des grottes. Remarquons en passant que l'ensépulturement dans des grottes est un fait local, accidentel, sur lequel il serait imprudent de conclure à des généralités.

Mais il demeure constant (sauf les exceptions probables) qu'à l'âge du renne, l'ensevelissement se faisait sur des amas de débris de cuisine ou d'habitation et sur des foyers. On n'a pas assez insisté sur ce point, qui d'ailleurs ne ressortait peut-être pas assez clairement des faits isolés précédemment recueillis. La station de Solutré, qui les résume tous ensemble, paraît ne devoir laisser aucun doute à cet égard.

La vie devait-être, au Clos du Charnier, celle de tout peuple de guerriers et de chasseurs, L'absence d'objets d'art ou leur extrême rareté prouvent bien qu'on y avait peu de loisirs. Mais après tout, les hommes de la tribu ne manquaient ni d'instinct ni d'aptitude naturelle pour les travaux artistiques. Quelques essais abandonnés sur place comme pour témoigner en leur faveur le prouvent surabondamment. Mais il fallait vivre d'abord ; il fallait, sans trêve ni repos, battre la prairie ou la forêt. L'abondance des armes, la perfection et le soin apportés dans leur taille prouvent bien que les travaux de la chasse ou de la guerre dominaient toute autre préoccupation. Cependant, il semble que les mœurs étaient au demeurant assez douces. Le respect des vieillards, chose si rare parmi les peuples barbares, suffirait à le prouver. Les sépultures abondent, comme nous l'avons dit, en squelettes d'individus fort âgés, privés de toutes leurs dents, assurément incapables de pourvoir eux-mêmes à leur existence, et qu'il fallait nourrir de moelle, de sang ou de cervelle. N'est-ce pas là un fait bien remarquable quand chez la plupart des peuples barbares, connus aux temps historiques, le meurtre ou le suicide des vieillards étaient passés en usage général. Peut-être ne serait-il pas inutile de rappeler ici que les Indiens de l'Amérique du Nord, appartenant aussi au tronc mongoloïde, tenaient les vieillards en haut respect, et qu'ils ne tombèrent jamais à leur égard dans les honteuses aberrations des peuples aryens du continent européen.

Cependant nous devons déclarer que l'examen de quelques foyers nous a inspiré des soupçons de cannibalisme. Assez souvent nous y avons retrouvé des ossements humains brisés comme les os à moelle de renne, et mêlés aux rebuts de cuisine. Mais peut-être n'étaient-ce là que les restes de sépultures bouleversées.

Nous avons observé la rareté des dents de carnassiers et de grandes bêtes, parmi les débris de campement, et nous en avons conclu que les primitifs habitants de Solutré n'avaient pas de goût pour la chasse dangereuse, et préféraient à l'honneur périlleux de mettre à mort un tigre, un ours, un loup, la poursuite presque exclusive du renne et du cheval. Cela est si vrai qu'au lieu de ces colliers de dents de grandes bêtes, glorieux trophées de victoire, qu'on trouve dans d'autres stations, nous n'avons rencontré au Clos du Charnier qu'une dent de loup et une dent de renard percées d'un trou de suspension! Et cependant, il y avait du tigre et probablement aussi de l'ours et de l'hyène dans la montagne, du grand bœuf, du grand cerf et de l'éléphant dans la plaine!

On savait vraisemblablement préparer les peaux pour en faire des vêtements. L'abondance de grattoirs en silex, semblables à ceux qu'emploient encore aujourd'hui les Esquimaux pour cet usage, l'indique suffisamment. Connaissait-on l'art de les coudre? Peut-être, puisque nous avons retrouvé quelques poinçons en os ou en pierre. Mais à coup sûr l'aiguille était ignorée à Solutré. C'est un peu plus tard seulement, au temps de la Madelaine, des Eyzies et de Bruniquel, qu'elle fut employée.

On pourrait, des faits précédemment exposés dans ce mémoire, tirer à l'infini des déductions ethnographiques d'un certain intérêt. Cela nous entraînerait trop loin et bien au delà du cadre que nous nous sommes tracé.

Nous laissons donc ce soin à nos lecteurs, notre but étant simplement de décrire l'état des lieux et de le livrer autant que possible, sans commentaire, à l'examen et aux méditations des hommes compétents.

Cependant nous ne voulons pas finir sans résumer en quelques mots la question anthropologique, telle qu'elle se présente par suite des révélations du Clos du Charnier, et telle que nous l'envisageons.

Comme nous l'avons dit, tous les squelettes humains, recueillis au nombre de cinquante environ, pendant le cours de nos fouilles, paraissent appartenir (à l'exception du crâne douteux) à la race mongoloïde et aux types hyperboréens. N'est-ce point là une précieuse confirmation de l'opinion soutenue par M. le Dr Pruner-Bey, à savoir que la race mongoloïde s'était, dès l'époque du renne et même antérieurement, étendue sur toute l'Europe occidentale ? A Solutré, comme au trou de Furfooz, comme à la Naulette, à Rosette, à Arcy-sur-Cure, à Bruniquel, aux Eyzies, et même comme à Aurignac et à Moulin-Quignon (?), tout paraît-être mongoloïde, et appartenir à des types identiques ou très-voisins. L'authenticité de ces débris ne peut pas être douteuse. Leur nombre déjà assez considérable en est la garantie; et non-seulement il y a entre eux uniformité de types, mais ils se sont généralement trouvés dans les mêmes conditions archéologiques, au milieu des stations qui les dataient, couchés sur des amas de débris de cuisine ou sur des foyers, etc.

Restent, il est vrai, le crâne prétendu celtique d'Eguisheim, provenant du lœss quaternaire de la vallée du Rhin, et le crâne douteux de Solutré.

Malheureusement, le crâne d'Eguisheim est privé de sa face et ne fournit par conséquent qu'une indication incomplète. Quant au crâne de Solutré, il offre des caractères contradictoires, comme par exemple une extrême dolichocéphalie jointe à une enflure considérable des tempes et des arcs zigomatiques, ce qui donne à la face une largeur qui n'est certes point celtique. Cependant, par son nez osseux et la forme des orbites il semble se rattacher à cette race. M. Pruner-Bey, qui l'avait d'abord classé comme celtique, a cru devoir, après un nouvel examen, suspendre provisoirement tout jugement à ce sujet (1).

Jusqu'à plus ample informé, l'importante question de l'arrivée des Celtes dans nos pays reste donc encore obscure et irrésolue. « Il est certain, nous écrit M. Pruner-Bey, qu'ils y sont à l'âge de la pierre polie ; il est probable qu'ils y étaient déjà avant ; il est possible qu'un des leurs ait donné son sang déjà aux contemporains du renne. »

En résumé le Clos du Charnier nous a fourni des hommes parfaitement dignes de ce nom, bien constitués ; les uns petits et frêles, les autres de grande taille et robustes, quelques-uns offrant des traces de rachitisme : sous le rapport craniologique, ils présentent, outre les caractères généraux de la race mongoloïde, les types déjà bien accentués des peuples hyperboréens actuels, Finnois, Lapons, Esthoniens, Esquimaux. Les uns sont brachycéphales, les

---

(1) L'un de nous, dans un travail antérieur (A. Arcelin, la Station préhistorique de l'âge du renne, p. 19), a considéré ce crâne comme postérieur à la station et se rapportant à l'âge de la pierre polie. Il y avait été conduit : 1° par le diagnostic de M. Pruner-Bey ; 2° par la présence de poterie d'aspect néolithique; 3° par le remaniement apparent des foyers adjacents. Mais depuis, comme il est dit ci-dessus, M. Pruner-Bey a modifié ses conclusions ; de plus, de la poterie semblable à la première fut trouvée en place dans des foyers non remaniés ; et enfin, le remaniement des foyers adjacents au prétendu Celte n'était qu'apparent, comme l'a démontré la suite de nos opérations. Ce squelette reposait sur le magma de cheval, entre des accumulations de débris de cuisine, protégé par quelques dalles brutes levées, c'est-à-dire *absolument* dans les mêmes circonstances que tous les autres, dont il est impossible de le séparer.

autres mésaticéphales, les autres, enfin, franchement dolidocéphales.

Telles sont, pour le moment et jusqu'à nouvel ordre, les conclusions et les réserves auxquelles nous sommes forcés de nous en tenir (1).

---

(1) Les auteurs de ce mémoire ont cru devoir, vu l'état actuel de la science et pour des considérations qu'il serait trop long de développer ici, adopter l'opinion d'un de nos plus habiles anthropologues, M. le Dr Pruner-Bey. Ils produisent donc ces conclusions comme des conclusions toutes personnelles, et ne prétendent pas les donner comme résultats *acquis* à la science. On sait en effet que les anthropologues, d'accord sur les faits et sur l'analyse, sont encore loin de s'entendre pour la synthèse, et que notamment la caractéristique des races humaines est encore l'objet de vives discussions et d'opinions contradictoires.

Fig. 1.

PL. 1

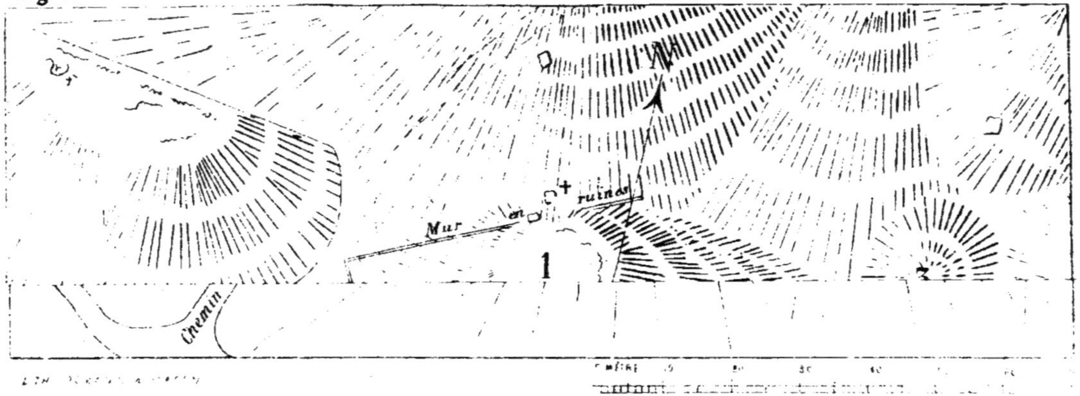

Mur

ruines

Chemin

1

LES FOVILLES DV CLOS DV CHARNIER

PLAN

A, B, C [illegible] par les [illegible] de débris [illegible]
E, F, G [illegible] par les Magmas de [illegible]
1, 2 [illegible] 1, [illegible] Monuments [illegible]
+ [illegible]

Fig 1. PL. 1

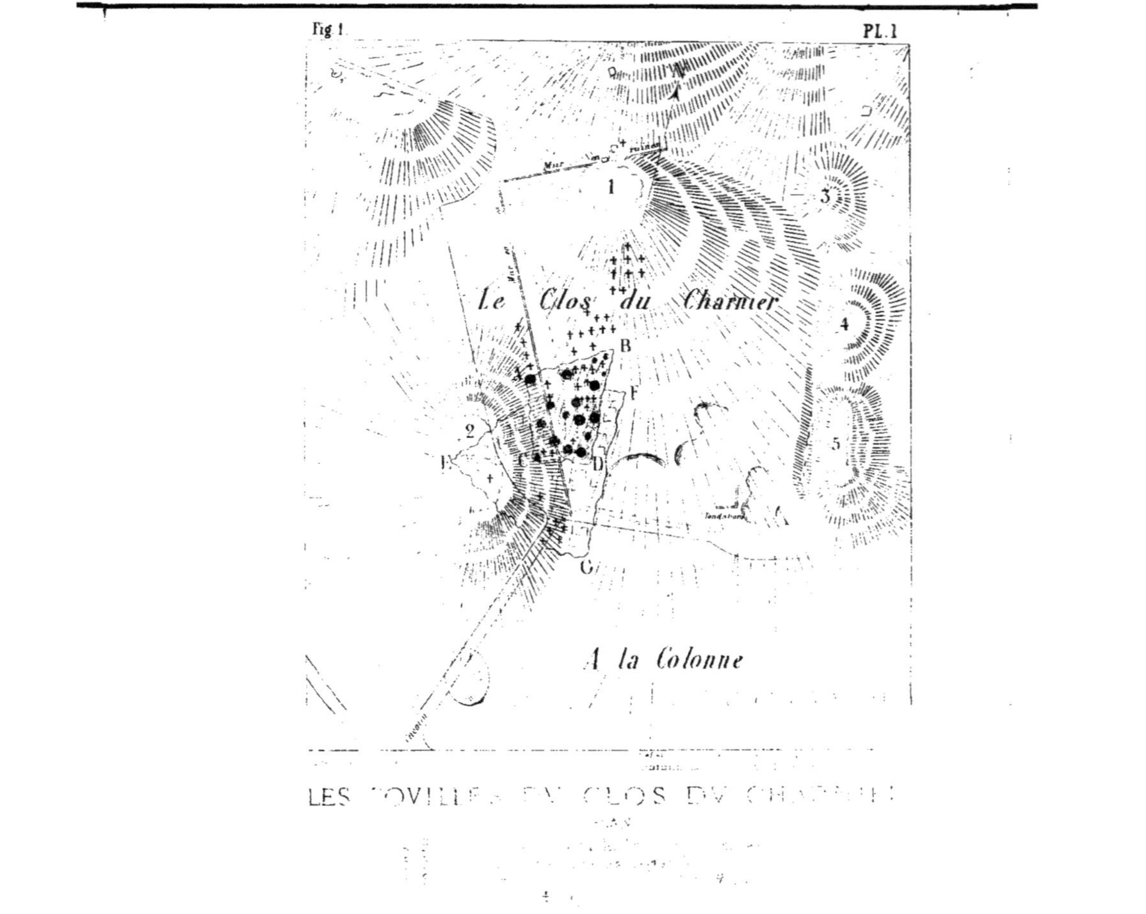

LES [illegible]OVILLE[illegible] DV CLOS DV CH[illegible]

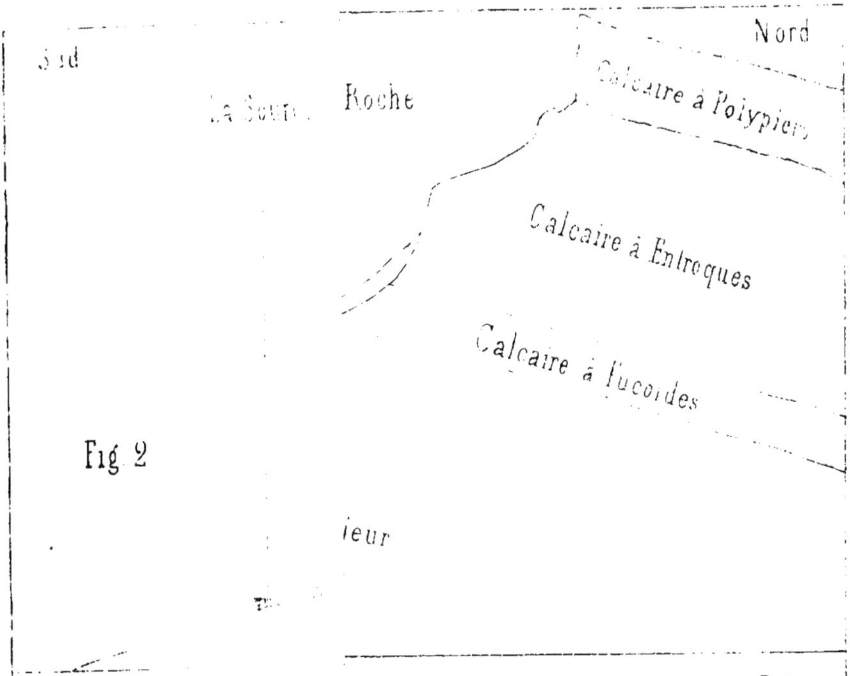

PL. II

Nord

Roche

Calcaire à Polypiers

Calcaire à Entroques

Calcaire à Fucoïdes

Fig. 2

ieur

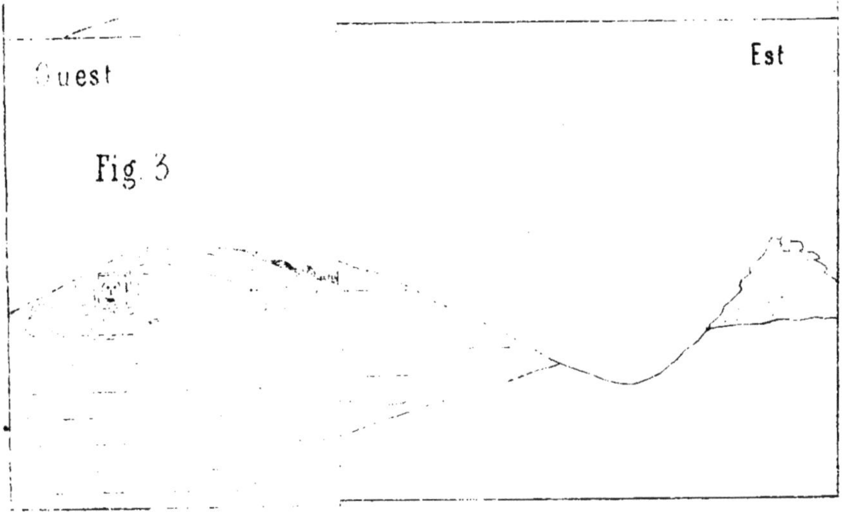

Ouest

Est

Fig. 3

er

PL. II

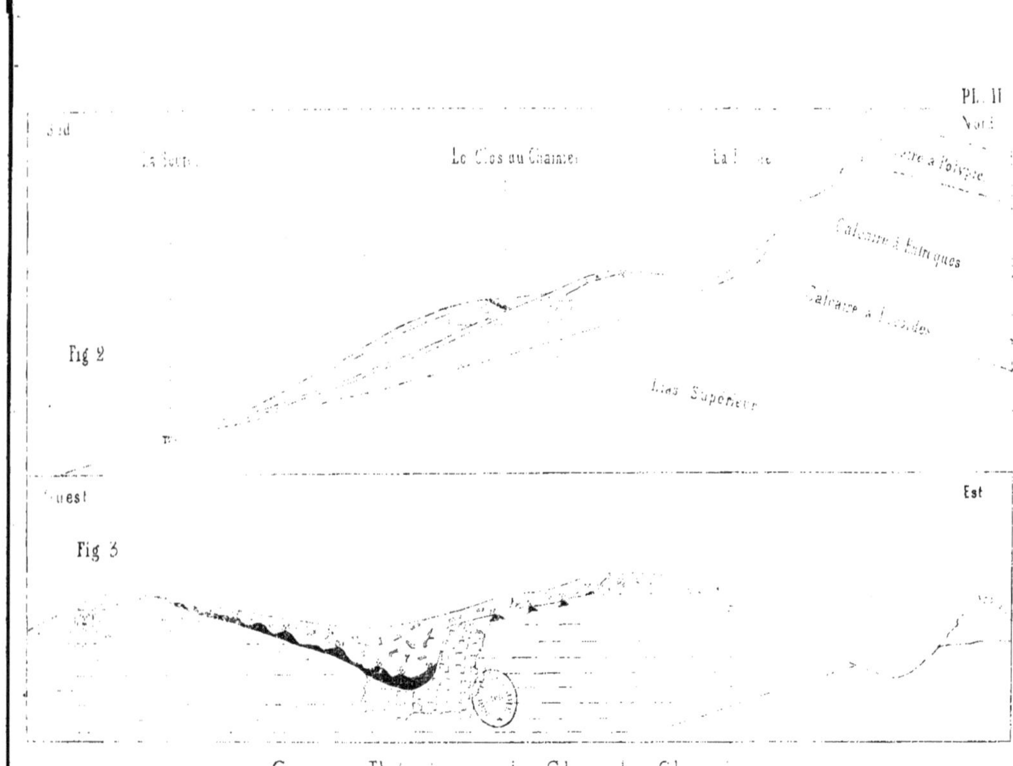

Covpes Théoriqves dv Clos dv Charnier

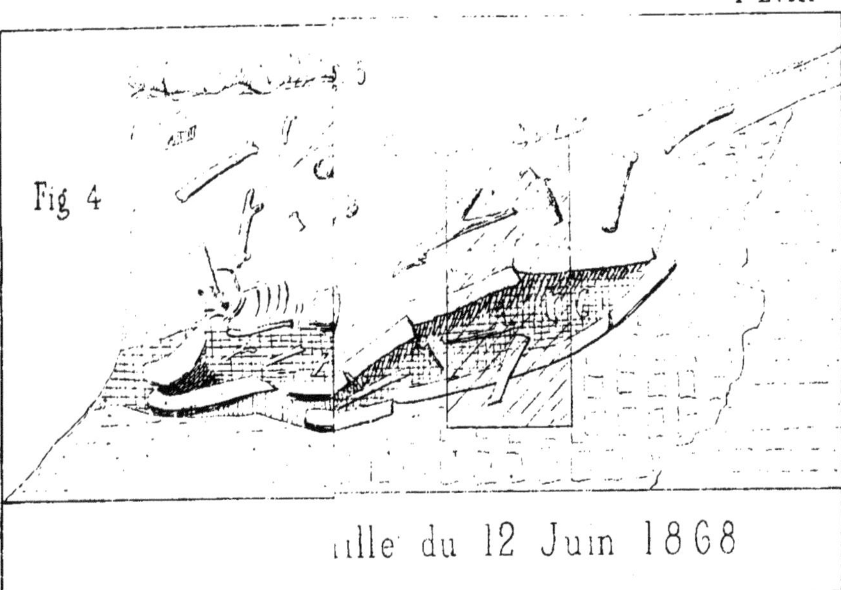

ılle du 12 Juin 1868

Terrain remanie

Terrain remanié avec débı du Renne.

Débris de cuisine et Foyer

Accumulations d'ossemen

Terrain Vierge
(Terrain d'Eboulement)

l'un Foyer, ou Amas
de Cuisine & d'habitation

PL. III

Fig 4
Coupe du Terrain
Fouille du 12 Juin 1868
Fig 6
Explication des signes
Terrain remanié
Terrain remanié avec débris de l'âge du Renne
Débris de cuisine et Foyers
Accumulations d'ossements de Chevaux
Terrain Vierge
(Terrain d'éboulement)

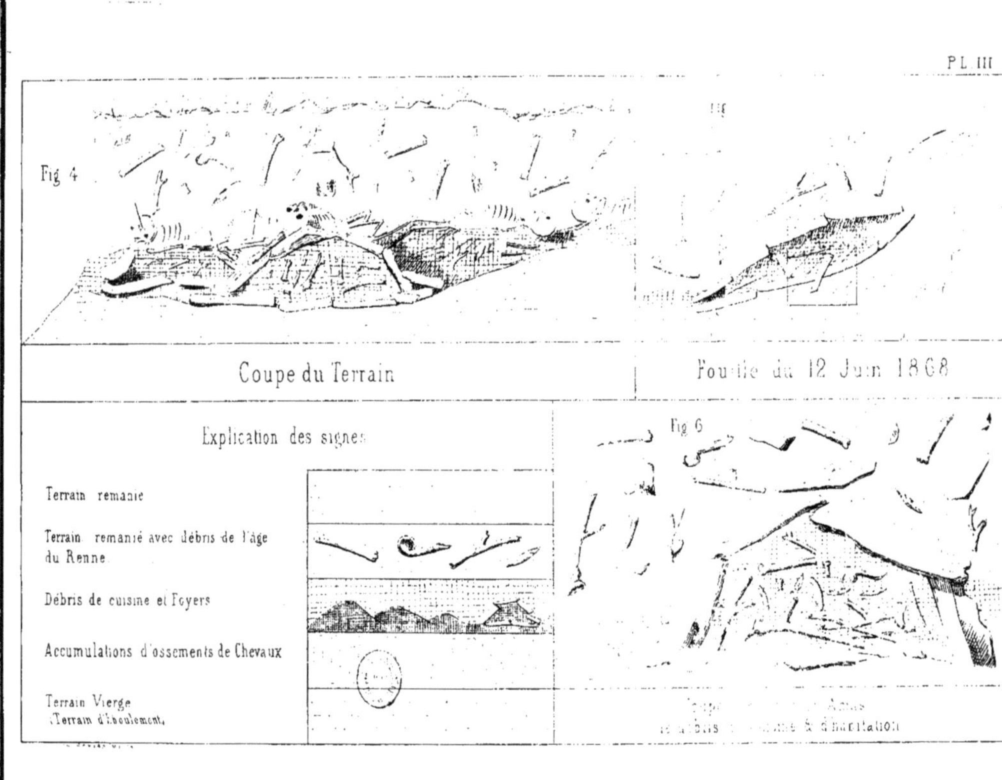

www.ingramcontent.com/pod-product-compliance
Ingram Content Group UK Ltd.
Pitfield, Milton Keynes, MK11 3LW, UK
UKHW021026180726
13838UKWH00004B/1635

9 782329 426815